念佛50問

學佛入門Q&A

法鼓文化編輯部 編著

〈導讀〉

念佛：心世界特快車

美國人權領袖馬丁．路德．金恩（Martin Luther King）博士，一九六三年所發表的演講「我有一個夢」（I have a dream），歷經半世紀依然撼動人心：「今天，我對你們說，我的朋友們，儘管此時的困難與挫折，我仍然有個夢。……有一天，這個國家將站起來，並實現它的信條的眞正涵義：……即所有的人都生來平等。我有一個夢：有一天，在喬治亞州的紅色山丘上，從前奴隸的子孫們和從前奴隸主的子孫們將能像兄弟般地坐在同一桌……。」

金恩博士的這一個夢，帶給無數人希望與夢想。許多不可思議的古聖先賢成就，其實都來自於最初的一個夢想與願望。念佛，可以說是與佛同發一個願望，同夢一個夢想。圓夢需要勇氣，需要智慧，但更需要信心。如果沒有信心，就不可能會有行動力。

克利斯・凡・艾斯伯格（Chris Van Allsburg）所創作《北極特快車》（*The Polar Express*），是風行全球的聖誕夜故事繪本。故事描述在聖誕節前夕，小男孩躺在床上等待著聖誕老人的雪橇鈴聲，這是只有信心才聽得到的聲音，卻意外搭上通往北極的特快車，展開一段奇幻之旅，抵達聖誕老人所居住的北極樂土，得到了銀鈴禮物。

西方人透過互贈聖誕節禮物，將寬容、溫馨的祝福，擴大爲無私施捨的價值。東方的孩童們最期待過年，不但能從父母長輩得到壓歲錢，還有許多歡樂慶祝活動，成爲一年最期待的理想佳節。隨著長大成人，變成負荷現實生活壓力者後，人們早已忘記童年期盼過年的興奮感。而《北極特快車》故事中的小男孩雖然老了，因爲從未放棄對理想的信念，如同許多夢想家，銀鈴仍會爲他們而響。

人人都有夢想，都曾經滿懷希望、熱血澎湃，甚至佩服自己勇於敢夢，被自己的夢想感動。但是隨著年齡成長，在現實與理想的生活拔河裡，很難堅持到底，永不放棄。如果被問及：「爲什麼要學佛、念佛呢？」很多人可能會不假思索地說：「學佛成佛。」然而，一樣會反覆面對現實與理想的拔河裡，面對徬徨人生、情緒煩惱，要念出一聲「阿彌陀佛」並不簡單。可能從深信不疑，變成半信半疑，甚至不信不疑了。

念佛的必備條件是「信、願、行」，只要願意相信，與佛同願，就能產生行動的力量。信心的力量，是不可思議的。期待能改善衆生痛苦，且具有百折不回的現世夢想家情懷，那就是佛教所說的菩薩精神。

眞正念佛的聲音，應該是像孩童一樣天眞的聲音，一心念佛相信佛。無論是二十歲念佛、四十歲念佛，乃至八十歲念佛，都應是以赤子之心來念佛。念佛的至誠心，不會隨著年齡、環境變化，而變得老成世故。念佛不該只是爲了取得往生西方淨土的「門票」，而是感動於佛的慈悲願力，能夠發願學佛，莊嚴自己的身心世界，乃至待人接物都能如同身在淨土。因此，佛的淨土，當下即能受用，不必執著東方或西方，不必執著現世或未來，能超越宗派信仰、種族國別。

生而爲人的最大困惑：「生從何來？死往何去？」有生必有死，面對死亡，現世所有的怨敵、考驗都算不了什麼。如何超越這樣的恐懼呢？信佛！念佛！學佛！可在心中發願：「弟子（某某）一心皈命極樂世界阿彌陀佛，願以淨光照我，慈誓攝我。我今正念，稱如來名，爲菩提道，求生淨土。佛昔本誓，若有衆生，欲生我國至心信樂，乃至十念，若不生者，不取正覺。以此念佛因緣，得入如來大誓海中。」

我們如果在臨命終時，乃至面對現世的怨敵、難事時，能保持像童年時對聖誕節或過年的浪漫情懷與夢想：阿彌陀佛如同慈父或聖誕老人，在「佛號與鈴聲」信願中，與怨敵、親友、凡聖等各類衆生，同乘「心世界特快車」，剎那間定能直達樂土。

而在現世生活中，如能慈憫衆生的疾苦何在？自然與生活環境的問題何在？自己能做什麼？如何結合有心者，共同爲現世與未來的夢想（淨土）一起發願改變？心定也與佛同在，與佛同做一大夢。

與其說本文爲導讀，更期望的是喚起大家心中的淨土夢想。念佛，能在一念間喚醒我們的初心！喚醒我們的佛心！

釋惠敏

法鼓文理學院校長

國立臺北藝術大學名譽教授

目次

1 大家一起來念佛

2 念佛有方法

3

念佛超度生死病苦

4

念佛成佛有信心

1

大家一起來念佛

Question

01

爲什麼要念佛？

念佛是許多人進入佛教的入門磚，甚至在認識佛教之前，「阿彌陀佛」就已經是生活裡朗朗上口的一句佛號。然而，「念佛」卻也是許多人在學佛多年之後，依然似懂非懂、摸不著門徑的一個法門，不清楚自己究竟爲什麼要念佛？

這個問題的根本，應該要反問自己：爲什麼而念佛？求福報、求平安、求智慧？爲家人平安健康而念？爲累積淨土資糧而念？還是，爲求一切衆生解脫而念佛？……。

不念佛，如何學佛成佛？

佛，是「覺醒」的意思，念佛就是讓心保持覺醒：散亂時，念佛收攝身心；

生氣時，念佛調柔自我；得意時，念佛消融自我；生病時，念佛安定身心……。從念心外的佛到念出自性光明，一句佛號就像一把鑰匙，既能開解生命每個階段的疑惑，也能貫通究竟甚深的法義。念佛，是佛陀送給我們的一份珍貴禮物，是一切法門的根本。試問不念佛，如何學佛成佛？

念佛的初發心，就像衛星導航一樣，在修學佛道的過程中，會一路引導我們用功的方向，以及可能達到的狀態。如果平常就以阿彌陀佛的極樂淨土為依歸，當心念相續不斷，念念都在佛號上，無論身心達到怎樣的境地，都只管一心念佛，必能滿願，歸向淨土。

因此，不論所求為何，念佛最終仍要回歸自心；看看自己是否從習氣重、妄念多的狀況中，慢慢消解，同時也幫助周遭的人減少痛苦。如此不斷地練習，以慈悲心、慚愧心、感恩迴向心來念佛，憶念佛、學習佛，這才是念佛真正的本意。

（鄧博仁　攝）

人人都能契入的法門

念佛是不論時地、不揀根機，人人都能契入的法門。一句佛號本身貫通了高低深淺的法門：初學佛者可以在阿彌陀佛的慈忍、寬容中安頓身心；淨土行者可依著阿彌陀佛的願力，歸向淨土；禪修者也能透過念佛禪觀，返歸自性；即便原本不是修持念佛法門，遇到生命困頓、挫折，或修行停滯不前時，都能隨時依著一句佛號來提振自己，繼續用功。

念佛，不僅可以通往各個修行法門，也能陪伴我們走過人生的不同階段，包括日常生活的接應、生病祝福、助念關懷等。特別是當什麼方法都用不上的時候，只要輕輕提起佛號，就能讓人在聲聲阿彌陀佛中，慢慢轉化身心的不適。

在生命的起伏轉折中，藉由一句佛號，開啟自心光明，當我們一呼吸、一步伐、一舉動都憶念著佛，當下就在淨土之中！

Question

02

念佛法門從哪裡來？

念佛最早起源於「六念法門」，根據《雜阿含經》卷三十三記載：有一年，佛陀與僧衆結束在迦毘羅衛城的夏安居，即將前往他處遊化，當時斛飯王的長子摩訶男聽到消息後，隨即趕往精舍攔下僧衆，因爲他們的離去讓他心亂如麻，不知何時才能再次聆聽佛的教法。佛陀了解後，便寬慰他，無論佛或比丘衆是否在身旁，都應隨時修學「六念法門」，也就是念佛、念法、念僧、念戒、念施、念天。

回歸佛陀本懷

其中的念佛，就是憶念佛的德行——想一想，佛陀如何走過人間的生、老、病、死，如何從永無止盡的輪迴流轉中，走向內在的解脫與覺醒。透過念佛，讓我們生起虔敬、慈愛、悲心、智慧和出離心，安住於善法和覺醒之中，遠離貪、瞋、癡等煩惱。

從阿含經典中經常可以看到，當在家信眾面對病痛、生離死別，感到徬徨無助或力不從心，或者獨自旅行、身處曠野感到恐懼時，佛陀都會教導弟子以六念來正思惟，守護心念，收攝心念。

因此，念佛不只是口念，更重要的是心念，念念念佛的名號、念念念佛的相好、念念念佛的功德，讓自己回歸佛的本懷，內心清淨，充滿歡喜、平安、踏實的感覺。

最易入門的修行方法

念佛法門，到了初期大乘佛教有多方的開展，不僅發展出多種方便念法，如稱名、觀想、觀相等，所念的佛號也涵蓋十方三世一切諸佛，而在諸佛法門中，最受釋迦牟尼佛讚歎與推崇的，便是阿彌陀佛的念佛法門。

因爲阿彌陀佛的本願就是平等接納一切的衆生，即便帶著一身罪業，只要至心十念，都能在佛的慈光中安住，所以阿彌陀佛與娑婆世界的衆生最有緣，念佛法門也成爲最易入門的修行方法。不單是淨土修行者，包括天台、華嚴、禪宗祖師都念阿彌陀佛，例如以指導禪修聞名國際的聖嚴法師，不僅自己念佛，也經常教人念佛、勸人念佛。

（王育發　攝）

Question

03

念佛念什麼？

爲什麼一句佛號如此有力？

在學習念佛前，人們心心念念的總是：我想要、我喜歡、我討厭、我的……，所思所想、所到之處幾乎無不貼上「我」字標籤。雖然習慣性地關注自我，是一種人類的生存本能，但順著慣性做選擇，最終只會看見自己，看不見他人，因此煩惱不斷。

轉化慣性，念出自性佛

念佛的「念」字，是憶念和明記不忘，即是注意力和憶念力。想要產生改變自我的力量，要從「念」著手。念佛就是教我們善用念這種心理狀態與作用，尤其我們念「阿彌陀佛」，意思是無量光、無量壽，因爲無量，所以可以打破人我的界線，進一步引發內在的慈、悲、喜、捨四無量心，如此一來，「阿彌陀佛」就不是索然無味的一句話，而能讓我們的心突破各類各樣的慣性與自我中心，生起無量無邊的善法。

就像最初佛陀教導我們的，在徬徨無助、懊悔不安時，憶念佛，坦然面對生命中的每一個起伏轉折，從中增強對佛、對法、對僧、對自己的信心，猶如劃破漫漫長夜的一道光明，顯發自己內在的慈悲與智慧，讓生命之華綻放，爲自己也爲身旁的人照路。

好好念佛，為自己開光

唐朝的宰相裴休，曾經延請黃檗禪師到家裡來爲佛像開光，黃檗禪師對他說：「何必一定要在佛像身上開光？何不在你自己的心上開光？」

念佛就是爲自己開光，當我們念念都在自心的光明之中，念念不離清淨、明覺的佛性，會發現：原來所謂的西方淨土並未離開我們的身心，當下的每一念，都能與法相應，當下即在淨土。如此，念佛便不再是爲了前往哪個淨土，也不是要達到高深莫測的境界，念佛就只是念佛！

（吳瑞恩　攝）

Question

04

念佛的「念」爲何不用「唸」字？

念佛的「念」字，有人把它寫成「唸」字，其實並不正確。如果只是用口唸，與播放光碟有什麼不同呢？念佛的念是「念頭」的念，但此一念頭非妄念，而是「正念」。正念是不與貪、瞋、癡、慢、疑等煩惱心相應的念頭，是清淨的，所以又稱爲「淨念」。

念佛心清淨

念的寫法，是上「今」下「心」。今是現在的意思，今心就是現在心，每一個現在的念頭都不離現在的心就叫作「念」。現在的心可能是雜念、邪念、惡念、妄念，但我們用的是淨念或正念，就是佛號。

（吳瑞恩　攝）

念念不離佛

念的意思，也是繫念。繫是繫緊，念佛就像用繩子把心和佛號綁在一起，或是用佛號把自己的心和阿彌陀佛綁在一起。因此，應該是用心念，而且心要緊貼著佛號，念念不離口、不離心，要集中全身心力來專注念佛。

Question

05

除了念阿彌陀佛，也能念其他佛菩薩嗎？

佛法修行法門，門門互通，念佛可以涵蓋念一切佛與一切菩薩的聖號，並不是單指阿彌陀佛。而佛國淨土也是多至不可計數，並非只有念阿彌陀佛才能往生西方，念觀世音菩薩也可往生西方。因為阿彌陀佛發願救度一切眾生，不揀根基，相關經典中也明確教導人如何修行淨土法門，方法簡單，適合各種階層的人，因此廣為流傳。

佛佛同道，一念互通

修學念佛法門，若能修成念佛三昧，念念與佛相應，時時與佛相應，處處與佛相應，就能親證自心即是淨土。如果不能證得念佛三昧的工夫，則淨土是在西方極樂世界，是在他方佛國淨土；反之，則十方一切佛國淨土，都在你的心中，

（張晴　攝）

與你的心是相應的。可以說西方即是十方，十方皆是西方。所謂千佛萬佛，佛佛同道，你只要與一佛相應，就能與所有的佛都相應，等同是未往生至西方前，就已身在佛國淨土之中。

所在之地即是人間淨土

雖然念佛的功能是能求生淨土，但這淨土並不離當下的人間，只要在念佛的當下，就能讓我們體驗到清淨的佛心。當生起慈悲心、智慧心、慚愧心、懺悔心、感恩心、大願心，遠離貪婪心、瞋恨心、愚癡心，所在之地不就是人間淨土？因此，不論是否求生西方淨土，都應多多念佛，與佛心相應，讓自己的煩惱愈來愈少，別人的快樂愈來愈多，成爲人間的淨土世界。

Question

06

阿彌陀佛的佛國爲何稱「極樂世界」？

西方淨土，在中國翻譯成「極樂」，梵語「須摩提（Sukhāvatī）」，意爲「具有樂」，表彰極樂世界就是具備快樂的佛國土，永離人間的衆苦，也是人天之樂所不能比的，所以稱爲極樂世界。

佛國淨土的解脫之樂

如同《阿彌陀經》的介紹：「彼土何故名爲極樂？其國衆生，無有衆苦，但受諸樂，故名極樂。」極樂的意思，即是世間任何五欲之樂，都沒有辦法與佛國淨土的解脫之樂相比，所以稱爲極樂。人間的樂是與苦相對的，所以是比較的樂，而非絕對的樂。西方淨土的安樂則是絕對的，不是與苦相比較而來的，因此稱爲極樂。

（吳瑞恩　攝）

成熟眾生、莊嚴國土

世間衆生生於苦難的五濁惡世，很難解脫生死苦海，阿彌陀佛發願成就極樂世界的原因，正是爲了成熟衆生、莊嚴國土。所謂成熟衆生，就是讓發願往生彌陀佛國者都得以往生，而爲了讓發願往生者能有安住處所，而有極樂世界。阿彌陀佛以悲願莊嚴而成的佛國，能接引衆生，修行了生死，圓滿佛道。

Question

07

極樂世界是什麼樣子？

極樂世界位於我們所處的娑婆世界之西方，相隔十萬億個佛國世界。

環境殊勝，不可思議

據《阿彌陀經》所描繪的極樂世界，金碧輝煌，無比莊嚴：「極樂國土，七重欄楯、七重羅網、七重行樹，皆是四寶周匝圍繞。」「極樂國土有七寶池，八功德水充滿其中，池底純以金沙布地，四邊階道，金、銀、琉璃、玻瓈合成，上有樓閣，亦以金、銀、琉璃、玻瓈、硨磲、赤珠、瑪瑙而嚴飾之，池中蓮花大如車輪，青色青光、黃色黃光、赤色赤光、白色白光，微妙香潔。」「彼佛國土常作天樂，黃金爲地，晝夜六時雨天曼陀羅花，其土眾生常以清旦，各以衣裓盛眾妙花，供養他方十萬億佛；即以食時還到本國，飯食經行。」

（鄧博仁　攝）

往生西方，轉凡成聖

極樂世界的環境殊勝，有七重行樹、七寶蓮池。微風吹過七重行樹時，會奏出裊繞的音樂，與飛鳥念佛、法、僧三寶的聲音相和，讓人忘卻所有的煩惱，身、口、意三業自然清淨。因此，即使以凡夫身往生西方淨土，極樂世界的美好環境，能漸漸使人從凡夫成爲聖人。

以現代人角度來看，佛國淨土皆是七寶琉璃、宮殿造景，似乎太過不可思議。但在歷史的背景下，爲接引衆生學習佛法，淨土便呈現出當時印度人認爲的理想世界。佛國淨土的重點在於佛以願力營造清淨無憂，利於修行的環境，讓衆生不需煩惱生活瑣事，能在淨土精進修行，因此，不用太拘泥佛經上關於淨土環境的描繪，是否爲眞實的世界，重要的是學佛發願，以莊嚴的心，莊嚴我們的生活環境，讓我們的世界變得更美好、更清淨。

Question

08

爲什麼佛教徒見面都說「阿彌陀佛」？

和佛教徒在一起，不管見面、道別，表示感謝、抱歉、讚歎、生氣、難過，或發生不得了的事，都是一聲「阿彌陀佛」，這句話代表什麼意思呢？

問候和祝福

阿彌陀佛，梵語一名 Amitāyus，又名 Amitābha，意思是無量光、無量壽，所以佛教徒彼此道聲「阿彌陀佛」，是親切的問候，也是眞誠的祝福。佛教徒聽了，會生起歡喜心和精進心，即便非佛教徒，聽了也會安心。

念念念佛

佛教徒隨時隨處說「阿彌陀佛」的習慣，源自唐末五代的永明延壽禪師，永

（鄧博仁　攝）

明延壽主張「一念相應一念佛，念念相應念念佛」，一天念佛十萬聲，所以行住坐臥、語默動靜皆在佛號聲中，聽到有人呼他的名字，或是信衆前來請法，禪師開口閉口都不離一句「阿彌陀佛」，於是「念念念佛」的方法流傳下來，融入常民生活，就形成漢傳佛教的傳統。

Question

09

什麼是三福淨業？

《阿彌陀經》說：「不可以少善根福德因緣，得生彼國。」往生極樂世界的條件之一，就是我們要多培福，累積功德。

培養善根福德

《阿彌陀經》所說的善根福德，可以對照《觀無量壽經》的三福淨業，即是：

一、孝養父母，奉事師長，慈心不殺，修十善業。

二、受持三皈，具足眾戒，不犯威儀。

三、發菩提心，深信因果，讀誦大乘，勸進行者。

（吳瑞恩　攝）

修行的基本態度

這三福淨業是佛教徒修行的基本態度，涵蓋了六度波羅蜜，從布施、持戒、忍辱、精進、禪定、智慧做起，累積善根福德因緣，也是實踐《阿彌陀經》總攝萬行的菩薩道精神。

Question

10

念佛和持咒有什麼不同？

念佛與持咒，都是幫助我們修定的一種方法，持咒與念佛功德平等，無有高下，只是每個人修持佛法的根機有別，各有相應，有些人喜歡持咒，有些人喜歡念佛，但修持的宗旨都是讓心專注，進而開發智慧。因此，站在整體佛法的立場來說，仍是彼此呼應的。

散心念與專心念

念佛的方法有兩大類：一是散心念，二是專心念。前者可在任何時間的任何場合，以出聲念或心中默念，甚至一邊跟人談話一邊照常念佛。至於後者則是在特定的專修期間所修的方法，如佛七、念佛禪七等，通常用連續念、高聲念。此外，民初淨土宗印光大師提出「數數念佛」，數數與計數不同，計數是用念珠或

（吳瑞恩　攝）

計數器計算念了多少佛號；數數是每念一句佛號，就默數一個數目，例如「阿彌陀佛一」、「阿彌陀佛二」……，念至十句，再從第一數起，如是周而復始，便會達到專注，避免昏沉或散亂。

持咒定心

許多人以為只要持咒即是修密法，其實正規的密法，必由上師傳授，必有儀軌修法。一般的持咒方法，則與持名念佛類似。持咒與念佛一樣強調口誦、耳聽、心惟，身、口、意三業相應，才能得力，所以不僅是密教，漢傳佛教各宗乃至於明朝以來的禪宗，也都會持咒。一般常見的咒語包括〈大悲咒〉、〈準提咒〉、〈藥師咒〉、〈往生咒〉、〈楞嚴咒〉等，可以用念珠計數念，也可以計時念。

Question

11

念佛是老人的事？

一般人總以爲學佛、念佛是老人家的事，因爲年紀大了、生病或臨命終了，才需要念佛求生西方。事實上，念佛不只是爲了求生西方，更是憶念佛德，透過佛號，與佛菩薩的悲智合一，用佛的心眼去看待衆生、接引衆生。

感受佛菩薩的慈愛寬容

因此，念佛不應是抱佛腳、急就章的心態，而是像孩子回到爸媽的懷抱中，隨著佛號，用全部的身心，毫無保留地，一遍又一遍感受佛菩薩的慈愛寬容，當全身的細胞跟著舒展開來，身心放鬆之後，自然而然地會生起安定、崇敬的心，由衷感恩、歡喜，就像《楞嚴經．大勢至菩薩念佛圓通章》所譬喻：「子若憶母，如母憶時，母子歷生，不相違遠。」

學佛微笑，放鬆壓力

現代社會的氛圍，普遍焦躁、盲動不安，尤其年輕人面對工作壓力、家庭責任等等，更需要慈忍、包容的力量。下次念佛時，可以試著觀想佛陀的微笑、平和慈藹的神態，不知不覺中，自己臉龐的線條也會逐漸變得柔和。簡短的一句佛號就能讓人放鬆、感動，更能提昇自己、改變社會，所以念佛不是老年人的專利，而是人人都需要的一種修持。

Question

12

什麼是禪淨雙修？

禪淨雙修自古即在中國盛行，許多禪修者也念佛，稱爲「禪淨雙修」——以念佛求生淨土，以參禪明心見性。明心見性者同樣發願往生淨土，而發願往生淨土者也需要明心見性，所以參「念佛的是誰？」。

禪淨融合

從禪的立場，鼓吹淨土信仰的人，首推永明延壽禪師，他著有一部《萬善同歸集》，主張禪淨融合的「念禪」之說，所以被淨土宗尊爲六祖。

據清代的《淨土聖賢錄》記載，永明延壽禪師在一次禪定中，見觀音菩薩以甘露灌入其口後，即辯才無礙。之後又見普賢菩薩手持金蓮，於是決意立定修習法門，做「一心禪觀」、「萬善莊嚴淨土」二籤，連抽七次籤，皆是「萬善莊嚴淨土」，於是決定修習淨土宗。

禪師每天一定念佛十萬聲，並做到一〇八件善事，以一切功德求生淨土。據說，禪師被呼喚到自己的名字時，便不自覺回答：「阿彌陀佛！」他可以說是心念已與佛號合一。人們相信永明延壽禪師是阿彌陀佛再來，農曆十一月十七日為阿彌陀佛聖誕，即是禪師的生日。

念念相應念念佛

因為看到了禪宗修行，未必人人能開悟，淨土宗念佛也未必能親臨淨土，禪師便提出「一念相應一念佛，念念相應念念佛」的觀念，若悟真如妙心，已見真空佛性，此念即是無念的般若；若凡夫未悟，即以妄心念佛，此心亦與佛心相應，亦與佛身同處淨土；但能一念念佛，只此一念，縱然是散心，亦與佛心相應。

（王育發　攝）

Question

13

都念阿彌陀佛，念佛禪和佛七有何不同？

念佛禪與佛七最大的不同在於目的，或說無相與有相，或說無所求與有所求。佛七，要求感應、要迴向願生西方淨土，從有相的實踐，求生有相的西方淨土；念佛禪則從有相入手，最後達於無念離相，莊嚴法身，成就「自心淨土」。

用念佛方法達到禪修效果

念佛禪的方法與佛七雖然相同，都是念一句佛號「阿彌陀佛」，卻是將念佛回歸於禪觀，即是用念佛的方法達到禪修的效果，達到《楞嚴經．大勢至菩薩念佛圓通章》所說「都攝六根，淨念相繼」的境界。「淨念」又可以分成專念、一念、無念三個層次，無念即無相念佛，可得念佛三昧。

見到自心淨土

再者，念佛禪最終的目的，是在修行念佛的當下，能「一念相應一念佛，一日相應一日佛」，見到「自心淨土」。因為不求感應，即使念佛過程中，眞的看到佛菩薩、蓮花，或是聽到任何聲音，都要不執著它、不在乎它，就當作沒看到、沒聽到。

（鄧博仁　攝）

2

念佛有方法

Question

14

如何知道自己適不適合念佛法門？

念佛可以收攝散亂的心、穩定不安的情緒，進而培養出清淨心、懺悔心、慈悲心。而且修行法門簡單易行，只要會念「阿彌陀佛」四個字，就可以入門，連小孩子都能朗朗上口，所以能「三根普被，利鈍全收」，人人都適合念佛。

三根普被，利鈍全收

所謂的三根，是指不論上、中、下何種根機，都能從念佛法門得到利益，只是領會深淺有所差別而已。只要相信阿彌陀佛的願力，願生西方淨土，即蒙慈悲攝受，接引往生，阿彌陀佛的念佛法門能接引所有的人。

由於阿彌陀佛的願力最適合娑婆世界的眾生，所以也最受歡迎，普為流傳，

（倪善慶　攝）

佛教不同的宗派法門也會運用。

佛教宗派沒有一宗一派是反對念佛的。念佛法門既然如此殊勝，爲何還需要其他宗派呢？主要是因每個人的學佛根器與因緣不同，有的人適合從禪修入門，有的人適合從研究經論著手。衆生有種種根器就有種種法門，八萬四千法門即適應八萬四千種不同根性的衆生，接引大衆進入佛法之門。但不論修學任何法門，都必會念佛。

諸佛菩薩念佛成佛

因爲從開始學佛到成佛，都必須對佛產生信心，如果不發願學佛成佛，所有的法門都不得成就。念佛念到最後是「心即是佛，佛即是心」，自心與佛相同。諸佛菩薩與祖師大德從初入門學佛，直至成佛，無一不念佛。

Question

15

如何念佛？

依《阿彌陀經疏鈔》卷三所述，念佛的方法，有稱名、觀像、觀想、實相念佛四種，依次第漸進分爲：

一、稱名念佛

此種方法最爲簡單，只要屏除雜念，靜下心來，聲聲句句口宣佛號，念念相續，並心繫佛號聲，心中自然安靜，所見世界也會清淨。

二、觀像念佛

念念觀察佛的三十二相、八十種好，放巨億光明，在衆中說法。

三、觀想念佛

心向佛國方向，觀想佛國淨土的依正莊嚴，佛菩薩的悲智解脫，一切功德法身。

四、實相念佛

不取內外相貌，念念相續，一切諸法，實相無相，非空非有，萬法平等。

以上四個念佛的層次，一般人最好先從稱名念佛起修，最容易入門。若得身心安穩，再進修第二、第三層次，至於實相念佛，則相等於禪宗的明心見性了，必須消業除障，身心安適，不生人我煩惱之時，方可修持。如何消業除障？稱名念佛，及禮拜、懺悔、發菩提心，是最好方法。

（鄧博仁　攝）

Question

16

念佛的正確心態爲何？

聖嚴法師在《念佛生淨土》中提到，修行念佛法門，一定要具備四個心：信心、至誠心、深心、迴向發願心。信心的要求，普遍見於各經典，其餘三心，則出於《觀無量壽經》。

信心

不管修學任何佛教法門，都必須具有信心，如同佛經所說「信爲能入」。相信釋迦牟尼佛在各經中所說之法，都是眞語實語，句句有用，不論自己能否做到，都應相信。否則半信半疑，便無法產生堅固的信心，而得不到眞正的受用。

我們要相信經典所說的有西方極樂世界，相信阿彌陀佛的願力能救濟所有的眾生。先要對彌陀的願力有信心，有求生西方的願心，自然一定能得到彌陀的接引，往生西方極樂世界。

至誠心

至誠心是誠懇心、虔誠心，念佛時應當口念心惟，如在阿彌陀佛面前，聲由口出，又從耳入，聲聲印向心田，句句都從心出。

念佛法門的要領是，要用心念佛，每一個念頭都與佛號相應，聲聲不間斷，念念不相離。將全部的身、口、意三業，投注於每一句佛號的當下。

深心

深心的「深」，是指深徹、徹底，在堅決的信心外，再加上深徹的願心，發願一定要去西方淨土。如果是可去也可不去，態度猶豫不決，便非深心。念佛如

（吳瑞恩　攝）

果信心不至誠，就不可能相信有阿彌陀佛、有極樂世界。相信之後，覺得非去不可，就變成了深心。

迴向發願心

迴向的初意，是將修行的一切功德，迴向往生西方淨土。迴向的深意，則是發菩提心廣度衆生，願將自己的念佛功德迴向一切衆生，都能離苦得樂，念佛成佛。可以說念佛迴向的目的有二：一是祈願自己往生，二是祈福一切衆生都能往生。不可僅是自求往生淨土念佛，當願一切衆生因我們念佛，而都能往生西方。

一般人開始念佛僅是希望自己消災免難、逢凶化吉，在了解念佛的正確心態後，更應該發願爲廣度衆生而念。把功德迴向給六親眷屬，他們就會變成我們的護持者，也就等於讓我們消災免難，大家同得利益。念佛的迴向發願心，能讓我們廣結善緣。

Question

17

念佛是否愈快愈好？次數愈多愈好？

許多人知道念佛的好處，但是否念得愈快愈多，功效或功德就會愈大愈好？其實並不見得。

有很多人把念佛當作每日的定課，一天要念幾千、幾萬遍，甚至還會做記錄。若沒念到設定的數量，還得加緊腳步趕進度，當作例行公事般地快快念完，才覺得安心。

速度適中幫助攝心

其實念佛的重點在於收攝我們的心念。當煩惱心一起時，難免焦躁不安，脾氣暴躁。此時若能提醒自己念佛，便可逐漸調伏煩惱，讓紛亂煩躁的心安定下

（鄧博仁　攝）

來。念佛也能幫助自己自我覺察，收攝妄念，而達到專心一致。

心口合一

念佛講求心口合一，念的速度要適中，不要太快，也不要太慢。速度太快導致緊張急躁，反而失去安定身心的作用；速度太慢容易心生妄想，雜念不斷。保持一個適當的速度，專心一意平緩地念佛，讓心念與動作協調，自然能與佛心心相印。

由此可知，念佛不在數量的多寡，更不在念佛的速度，而是念佛時是否專注、攝心，念念都在佛號上，唯有老老實實、紮紮實實地念佛，才能入心，才是正道。

Question 18

如何持名念佛？

《阿彌陀經》有云：「聞說阿彌陀佛，執持名號，若一日、若二日、……若七日，一心不亂。」為人們指出一種非常簡單的修行方法，就是持名念佛，也是修行淨土法門的基本工。明朝末年蓮池大師曾說《阿彌陀經》的「執持名號」，「執」是聞名號，「持」是受而守之，常時不忘。

持名念佛

持名念佛時可持四字「阿彌陀佛」或六字「南無阿彌陀佛」，念佛方法分為默念、出聲念，唐代的飛錫大師特別提倡「高聲念佛」，認為念佛可達「定心、除憂、消禍、舉重、降魔」等功能。一般人習慣手持念珠計數，也有用念佛機來輔助。

（吳瑞恩　攝）

近代印光大師大力推行念佛法門，帶動了念佛風氣，並提出「十念記數念佛」的方法，十念記數則「不可掐珠，唯憑心記」。十念記數是當念佛時，從稱念第一句「南無阿彌陀佛」至第十句「南無阿彌陀佛」，每稱念一句，必須念得分明，記得分明，至第十句稱念完畢時，再從第一句稱念的佛號記數，數至第十，周而復始。

若十句直記困難，可分爲兩氣，從一至五，從六至十；若又覺得費力，則分作三氣，當從一至三，從四至六，從七至十。如此稱念佛號，念得清楚，記得清楚，聽得清楚，妄念便無立腳之處，久久自然而得一心不亂了。

每天固定時間念佛

念佛要持之以恆，可以當成自己的定課，每天固定時間念佛，或是爲自己訂下目標，例如永明延壽一天十萬聲佛號；蓮池大師不念經也不念咒，一天就是十萬聲阿彌陀佛，行住坐臥都在持佛號；聖嚴法師晚年也手持念珠，時時念佛，讓自己時時身處佛號中。

Question

19

該念「阿（ㄚ）彌陀佛」或「阿（ㄛ）彌陀佛」？

很多人不清楚「阿彌陀佛」的「阿」字，該念「ㄚ」或「ㄛ」，邊念邊擔心萬一念錯了音，會不會往生不了淨土，見不到阿彌陀佛。其實，佛教的一切修持法門，皆以修心為主，音聲是其次的，所以念「ㄚ」或「ㄛ」不是修行的關鍵。

「ㄚ」的發音，可能更接近梵文發音，但《弘一大師臨終法要》指出，印光大師、蓮池大師、憨山大師，許多佛教祖師大德都是念「阿（ㄛ）彌陀佛」，並未發生什麼不良的後果或影響。但是，如果在參加寺院共修時，發現念「阿（ㄚ）彌陀佛」者較為眾多，隨眾齊念即可，以免心起煩惱，反失正念。總之，不要被發音所牽絆，「用心」才是念佛的重要依歸。

（鄧博仁　攝）

Question

20

念佛一定要出聲念嗎？

生活中處處皆可禪修，處處皆是禪。念佛也是如此，行住坐臥皆可念佛，默念也可，出聲念也可，不須特別罣礙，這樣才能自在念佛。

到底是出聲念佛比較好？還是默念好？需要看地點、情況而論。

默念不受時間地點限制

默念的好處是不受時間、地點的限制，在任何地方都可以默念，想念就念。但如果是在公共場合、工作場合或某些特殊場合，因爲旁邊有其他人在，如果出聲念佛，可能會影響及干擾他人，這時候就適合默念。若是上洗手間或沐浴時想念佛，默念也比較合適。

出聲念佛容易攝心

出聲念佛是心中有佛號，再從口裡念出，耳朵聽見自己念的佛號，從而逐漸安定攝心，這種方法較不容易有雜念妄想。念佛重點是心裡要有佛，內心保持清淨。若口裡念著佛，心裡卻在胡思亂想打妄念，這樣就失去了念佛的意義與功德。

有人說出聲念佛功德比較大，應該是指出聲念佛別人也能聽見，無形之中就把佛的種子散播出去，種在聽者的耳裡，也是功德一件。默念雖然別人聽不到，但佛菩薩能感應到，一般無形的衆生也能感受到，一樣有功德。

念佛的要領在於專注自心，不論默念還是出聲念，都能與佛相應。不要被出聲念或默念的方式所局限，以自己方便爲主，才能念念清淨，念念自在。

（王育發　攝）

Question

21

念珠的由來？

很多宗教都把念珠當成重要的修行工具之一，在念經咒、祈禱、歌頌或靈修時，都會運用到念珠，但使用方法則各有不同。

安心的法寶

以佛教來說，念珠，又被稱爲佛珠、數珠，是念佛或持誦咒語時，用以計數的修行法寶。

關於念珠的由來，在《木槵子經》裡有詳細的記載，過去曾有個名爲波流梨的國王，因爲擔憂國內戰爭、貧病等問題，導致身心憂慮、寢食難安，於是向佛陀求助，希望佛陀能指引他一種修行的方便法門。佛陀建議他，可以將一〇八顆

（李東陽　攝）

木槵子，也就是菩提子，用線貫成一串隨身攜帶，在生活行住坐臥中，每當煩心時就持轉念珠，稱念佛號，心不但能跟著安定下來，自己也可以得到無上功德。

轉動心中智慧

至於何時開始將念珠用來計數，《續高僧傳》卷二十〈道綽傳〉中提到：「人各掐珠，口同佛號。」可知從唐代開始就已將念珠用做爲念佛計數。而千年以來，無數佛教徒持著念珠，轉動心中智慧，走向學佛之路。每一次轉動，心念就更向上提昇，也爲生命帶來無限溫暖與新希望。

學佛，其實靠的就是自己的修行，而念珠只是一個媒介，透過這項工具的幫助，可以讓自己專注當下、安身調心，達到安住、淨化心靈的目的。

Question

22

念佛一定要拿念珠或計數器嗎？

初學者還沒養成念佛的習慣時，可使用念珠或計數器做爲修行的輔助用具，幫助自己安住念佛。

安定躁動的心

念珠，是佛教徒最熟悉也最常見的修行用具，無論身在何時何地，只要手持一串念珠，隨著心、口之間一聲聲的佛號誦念規律撥動，原本躁動不安的心即刻平靜，沉浸在佛法的清涼裡。

提醒回到佛號上

使用念珠，除方便記數，清楚知道是否達成每日的功課，更重要的是提醒的

（李東陽　攝）

作用。念佛當中如果打了妄想，忘記自己正在念佛，當手指撥動念珠時，很快地就能提醒自己回到佛號上。提醒與記數的功能互補，讓佛號更容易入心。若是養成了無時無刻都能念佛的習慣，身、口、意恆常安住於佛號當中，也就不用再刻意記數了。

Question

23

如何使用念珠？

常有人擔心念珠佩戴如果不得宜，是否會不如法，其實只要掌握幾個原則即可安心佩戴念珠。

第一次選購念珠的人，常不知是否可直接佩戴，或是使用前需要先經過類似開光的宗教儀式？使用念珠的主要目的，是為了幫助修行，所以不必擔心太多禁忌，請購後可以直接戴在手上。其實，最好的加持念珠方法，就是自己的精進用功。

念珠的數目

念珠的數目以《木槵子經》中所記載的一〇八顆為基礎，往後發展出不同的數目，常見的以二十一顆、五十四顆和一〇八顆為主，每一種數目都有其特殊意涵。像是二十一顆代表十地、十波羅蜜和佛果；五十四顆代表十信、十住、十行、十迴向、十地及四善根因地；一〇八顆則代表斷除一〇八種煩惱等。

不管是數量少的手珠（如二十一顆）、數量較多的提珠（如五十四顆），還是長串的一〇八顆，持轉的方式都是單手將念珠懸於食指一、二節指腹間，並用大拇指指腹扣合，以拇指順次逐顆向自己身體的方向（朝內）撥動，每轉一顆就誦一聲佛號。

如果持的是一〇八顆念珠，爲避免念珠過長地垂墜，也可雙手一起持轉，兩手執於念珠兩端，將整串念珠扭作一個「8」字型，念一聲佛號，兩手同時朝內撥轉一顆念珠。

若是想要計數，可以選擇有「母珠」的念珠來使用，從母珠開始，持轉一圈後便可知道自己念誦佛號的次數，或是自己利用線料製作簡易的可挪動繩節標示，也可幫助自己計數。

念珠不離身

念珠是一種方便的修行工具，無時無刻都可攜帶。平日不使用時，手珠可以戴於手腕上，以方便取用。而提珠和一〇八顆念珠則建議收放在口袋或袋子中，在家居士不應將長串念珠披戴在脖子上，一般來說只有寺院住持、方丈等大德才做此行儀。念珠也盡量不和食物、雜物放在一起，代表尊敬心意。

有人說「念珠不離身」，主要用意是時時提醒自己別忘記精進用功，重點不在於使用念珠本身與否，而在於「修行」。

（鄧博仁　攝）

Question

24

念佛要對著佛像念嗎？

有的初學佛者，以爲念佛是念給佛聽，表示自己確實用功，希望能獲得保佑平安。因此，不但會在佛前特別大聲念佛，而且非常在意念佛的方位，以爲要朝著西方念佛才能往生西方彌陀淨土。

其實，念佛並非要站在佛前，才能表現恭敬心，重要的是能憶念佛的功德，學習佛所教導的方法，轉煩惱爲智慧。除非是家中設有佛堂、佛桌安置佛像，或是參加寺院共修，不然大部分的念佛者，是無法都對著佛像念佛的。念佛的目的是爲了修心，體驗佛心，所以眞正用功的念佛者，隨時隨地都在念佛，念念與佛同在。

（鄧博仁　攝）

Question

25

念愈多尊佛號，愈平安？

多念幾尊佛，是否就會福德多一點、保佑多一點？這就像有些人以為定課多做幾門，就可以功德加倍，或是讓修行更上層樓。

念佛貴在攝心專一

其實十方三世一切諸佛，由於本願、應化的不同，各有別號，如阿彌陀佛、藥師佛、彌勒佛、阿閦佛等，但諸佛的一切智慧與德行含攝於如來十號，佛與佛之間並無差別。加上念佛貴在攝心專一，而不是數量多寡，建議學佛新手可以自己選擇最為相應的佛號，每天選定一個時段念佛，從五分鐘、十分鐘開始，讓自己練習和佛菩薩獨處，與諸佛的慈悲願力相應，自然福慧增長、吉祥平安。

要用方法調心

念佛的目的在於鍊心。如果不懂得用方法調理自己的心，只知道形式上的念佛、拜佛，即使敲破了無數個木魚、數斷了無數串念珠，也不一定有用。雖然修行不是只動口念佛，可是因爲心鍊不起來，所以還是需要精進念佛，讓心能夠安定、清淨，當念佛念得心中沒有煩惱、不會雜亂，可以不受內外狀況影響時，身心自然會平安。

（鄧博仁　攝）

Question

26

念佛時總是妄想紛飛，怎麼辦？

念，有正念、有雜念；但不論正念或雜念，從禪修的立場來看，都是妄念。「正念」是統一而非散亂的妄念，是藉以用功的方法，例如「念佛」是當我們持名念佛時，佛號就是唯一的正念。

用佛號來調伏妄念

念佛的「念」字，上面是個「今」，下面是個「心」，意思是要安住當下，專心念佛。但是，我們現在的心可能是雜念、邪念、惡念，所以要用正念，就是用佛號來調伏妄念。能夠念念不斷在佛號上，妄念就會減少，妄念一少，煩惱自然少。

從有念修到無念

念佛禪有兩個層次，第一，有佛號，但不執著、不期求，就是念念念佛；此時不生妄想心，即一念不生；第二，不一定有佛號，不需要出聲念，心中也不需有六字洪名或四字佛號，可是心與佛的心是相呼應的。

從有念修到無念，無相念佛即是擺下所有一切的念頭，如果還有念頭在用方法，不管是正念、雜念，都是妄念，所以佛號當然也是妄念，最後連佛號都要放掉，前提是必定要用方法用到無方法可用，沒有念頭起伏，這即《六祖壇經》所強調的無念、無相、無住，哪裡還有佛號呢！

但是初學者還是要心中有佛號，老實念佛，念念與佛相應，妄念就會逐漸減少了。

（李蓉生　攝）

Question

27

念佛要不要做觀想？

觀想念佛是憶念佛的功德。以阿彌陀佛來說，佛的功德就是由四十八願所成就之西方淨土世界的依正莊嚴；《觀無量壽經》中所教導的十六種觀法，從觀日、觀水、觀地、觀樹、觀池，及至觀菩薩與佛的悲智解脫，就是用全身心，念念心向佛國淨土。

要有禪定的基礎

一般來說，觀想念佛必須要有禪定的基礎，才能夠一心不亂，念念念佛名號、念念念佛相好、念念念佛功德。如果身心尚未安定，對於觀境不熟、理路不清，這時刻意觀想，反而會妄念紛飛，導致頭部脹痛或產生幻覺。因此，淨土宗祖師如蕅益智旭、印光大師等人，多勸人稱念一句阿彌陀佛，因為稱名念佛不但最容易入手，接受度也最廣。

將妄念拉回當下的身心

不過，在精進念佛的過程中，爲什麼又會提醒我們要觀想自己坐在蓮花上，或是踩著蓮花念佛呢？

其實這類的提醒，是幫助我們將念頭單純化的一種輔助。由於日常生活中，我們的念頭很容易被外境牽引，口中念佛，腦中的妄念卻像瀑布一樣，川流不息，所以，除了不管妄念，回到佛號之外，坐念時，就練習觀想身體輕柔地坐在蓮花上，不去管身體的痠、痛、癢、痲；經行念佛時，觀想腳底走在金沙上，每一步踏出就是一朵蓮花；睡覺時，觀想自己睡在蓮花苞裡，凡此種種，無非是要將妄念從四面八方拉回當下的身心，一心念佛。

（鄧博仁　攝）

Question

28

高聲念佛與大聲念佛一樣嗎？

精進修行期間，難免念佛念到昏沉、打瞌睡，或是妄念紛飛，這時，為了提振精神，監香法師通常會提醒大眾「高聲念佛」，於是有些人便會扯開嗓門大聲念，短時間內或許可以讓思緒集中，但不用多久，喉嚨就會沙啞，甚至感到精疲力竭。

高聲念佛非喊破喉嚨

其實掌握念佛技巧，才能持續用功。所謂的高聲念佛，不是喊破喉嚨的大聲念佛，而是在身心放鬆之後，善用身體的共鳴，讓佛號清澈嘹亮，聲聲不絕；如果不能放鬆而刻意提高音量或放大嗓門，很容易喉嚨沙啞，反而無法好好念佛。所以首先要端身正坐，身心放鬆，氣往下沉，再提起小腹的力量念佛，讓聲音自然而然穿透出去。

出聲念佛時，耳朵聽著大衆念佛的聲音，心則是貼在佛號上，把所有的雜念妄想全部用一句佛號來代替，此時的心是專一純淨的，不胡思亂想。眼睛微微張開，呼吸是自然的，佛號不要配合呼吸，也不管呼吸的長短，念佛就是念佛。如果配合呼吸，反而會使呼吸急促，導致胸悶、頭痛。

高聲念佛氣順暢

高聲念佛有很多好處，能讓丹田的氣愈實在，呼吸愈順暢，氣力也愈大，因爲肚子裡的廢氣都念出來了，頭腦裡所有複雜的雜念、妄想、怨氣也都念掉了，愈念會愈覺得身心安定舒暢。

因此，高聲念佛時，一邊口中念，一邊聽著自己在念佛，雜念、妄想自然而

（鄧博仁　攝）

然就會減少。如果是參加佛七或平日的念佛共修，就聽大衆念佛的聲音，跟著大衆一起念。這樣一來，不論是換氣或是自己的音量變小時，還是可以聽到佛號的聲音，避免因爲換氣或是打妄想，而忘記了念佛。

Question

29

爲什麼要參加念佛共修？

修學念佛法門，除了在家用功，也可以去寺院念佛。一般寺院都有念佛會，並舉辦念佛共修。在家獨自念佛容易因雜事分心與懈怠，參加共修比起在家自修來得更有攝受力，更能體會念佛的妙用。

共修力量大

有的人認爲念佛共修和自己在家念佛沒什麼兩樣，甚至會被旁人所影響，無法感受到共修的好處。其實，共修時所有參與者的心是互相交融的，集合了衆人共同的「心」力，大家方向一致，專心念佛，形成強大的共鳴及力量。所以說，共修力量大。共修時，衆人內心安住在一個安定、清淨的方向，大家互相影響，互相分享每一個人心的力量，成就不可思議的功德。

（江思賢　攝）

念佛共修易專心

雖知念佛的益處及功德很多，但在家時難免容易懶惰懈怠，或被諸多雜事干擾，無法專心念佛。因此，要多多參加寺院舉辦的念佛共修，甚至佛一、佛三、佛七等活動，藉由共修環境幫助自己攝心、調伏紛亂的心念，讓自己專注在佛號上，西方淨土自然就在你心中。

Question 30

念佛可以開悟嗎？

念佛法門，即是以念佛爲禪修的一種方法。在《聖嚴法師教淨土法門》一書中，將念佛分爲二階段，即從持名念佛的有相念佛，到淨念相繼的無相念佛。

念自性佛

明末的蓮池大師雲棲袾宏，在其《阿彌陀經疏鈔》中，則將持名念佛分爲事持、理持兩類。事持是念心外的阿彌陀佛，理持則是念我們本具的清淨佛性。念佛若能從「事持」進入「理持」，當清淨的佛性與阿彌陀佛的法身完全相應時，即一心不亂、明心見性，就與禪宗的開悟相同。

寶中之王

蕅益大師還稱「念佛三昧」為「寶王三昧」，所謂「寶王」就是「寶中之王」，意即念佛是法寶之中最好的。

念佛是修行的基本入門，而禪修也並非獨立於日常生活外，所以有許多禪師都是由念佛入手，如虛雲老和尚與來果和尚，他們後來更以「念佛的是誰？」來參話頭，因而開悟。

（鄧博仁　攝）

3

念佛超度生死病苦

Question 31

念佛爲何是最容易的超度法門？

念佛不論時地，不揀根基，只要老實念佛，便得利益，所以是最容易的超度法門。

得現在與後世利益

雖然以目的而論，西方彌陀淨土的念佛法門，確實是以死後往生極樂世界爲主，但是念任何一佛，其實皆能罪滅除愆，消災免難，既得現在的利益，也得後世的利益。

《觀無量壽經》說：「合掌叉手，稱南無阿彌陀佛，稱佛名故，除五十億劫生死之罪。」《無量壽經》也說：「其有得聞彼（阿彌陀）佛名號，歡喜踴躍，乃至一念，當知此人，爲得大利，則是具足無上功德。」聞佛名號心生歡喜，甚至僅僅一念，也得無上功德，更何況常常念佛，隨處念佛。

只要念佛就有功德

一念相應一念佛，念念相應念念佛。只要念佛，不論散心、專心，都有功德，專精一心當然好，散心念佛也不錯，只要想念就念，念念都好。人非聖賢，孰能無過？念佛能轉自私自利的心爲自利利他的願。

一念念佛，一念即從惡業妄想獲得超度；念念念佛，念念都從惡業妄想獲得超度。有些人是一分鐘的超度，有些人是一小時、一天的超度，參加佛七念七天佛，便是七天的超度。念佛讓人口清淨、耳清淨、眼清淨，即使只念幾聲佛號，也能從紛紛擾擾的塵勞世界，得到片段時刻的超度了。

至於想求得永久超度，必須是大悟徹底的大解脫人，要付出持久的長遠心，常行菩薩道，日日增長智慧，時時心懷慈悲，才能自度度人。

（倪善慶　攝）

Question

32 生病時才念佛，臨時抱佛腳有用嗎？

有些人往往在生病，或遇到麻煩時，才會想到念阿彌陀佛求感應、求保佑，雖然是臨「時」抱佛腳，但是臨危還能想到阿彌陀佛，表示還很有福報。甚至有些人是臨「死」抱佛腳，平時不想念佛，直至面對死亡威脅，才希望能往生到西方淨土，以免成為無依無靠的孤魂野鬼。

即使平常不念佛，但生病或臨死能想到念佛，都還是有用的。一個人如果福德因緣足夠，臨命終時就能得到助念開導，但是這需要廣結善緣，才有此福報。與其等生病或臨命終時請人幫你念佛，最好還是在世之時，趁著身體健康，快快念佛！時時念佛！

（吳瑞恩　攝）

Question

33

念佛爲何可以消業障？

《觀無量壽經》中說：「合掌叉手，稱南無阿彌陀佛。稱佛名故，除五十億劫生死之罪。」又說：「稱佛名故，於念念中，除八十億劫生死之罪。」《地藏經》中也說：「若有臨命終人，家人眷屬乃至一人，爲是病人高聲念一佛名，是命終人，除五無間罪，餘業報等悉得消滅。」

無量功德滅無量罪

這是釋迦牟尼佛親口所宣說，佛教史上衆多祖師大德對此也多有闡述，如龍樹菩薩在《大智度論》中就說：「是念佛三昧，能除種種煩惱、種種罪。復次，念佛三昧有大福德，能度衆生。」三論宗祖師吉藏大師也說：「佛有無量功德，念佛無量功德，故得滅無量罪。」因此，我們應該相信，念佛確實可以消除業障。

甘願受報，隨緣消舊業

然而，消除業障並不表示造了種種惡業之後，可以靠著念佛逍遙法外而不受報，它的背後有著更深層的意涵：

一、在念佛的當下，由於身、口、意沒有造作惡業，如此，則是遠離了造罪的業因，自然不會再新增業障。

二、念佛以及得到佛法的正知見，能提昇我們的心力，以及對於因緣、因果的認識，知道身心種種的挫折、困頓、病痛等，都是業緣所致，而能夠用「隨緣消舊業」的心情，坦然面對、接受。如此一來，不覺得自己是在受罪、受苦，也不爲此而感到苦，業障也就自然而然消除了。

三、如果能夠持續念佛修行清淨身心，過去惡業的種子，就會像植物的種子曝曬於烈日之下，久而久之，種子自然會失去發芽的功能，業障也就難以現形。

由此可知，念佛消業障並非迷信，而是符合了正信佛法的因緣、因果法則，更顯示出釋迦世尊、阿彌陀佛，乃至諸佛的慈悲大願。因此，只要能夠堅定信心與願心，精進念佛不懈，自然可以消除業障，並且得到諸佛的護佑加持。

Question

34

生病時，改念藥師佛或觀音菩薩比較有效？

生病時，想仰仗藥師佛與觀音菩薩的慈悲願力，早日恢復健康，是人之常情。如果平時所做定課不是藥師法門或觀音法門，生病時不一定要改念，可以視自己的身體狀況，持續做原本的定課，至少能做到念佛，讓心保持安定、平穩，也可在定課後另外加念藥師佛名號，或加誦《藥師經》、〈藥師咒〉。

佛佛道同，皆能受用

許多人以為針對不同目的，就要念不同的佛號，例如：念藥師佛求治病延壽，念觀音菩薩求消災解厄，到了臨終就念阿彌陀佛，求生西方淨土等。其實，佛佛道同，諸佛菩薩的慈悲與智慧具足，只要心誠專精，無論修哪一種法門，一樣都能安己利人。

（鄧博仁　攝）

一門深入，工夫精純

學佛貴在一門深入，爲了滿足不同願求而經常更換法門，反而練不好修行工夫。念佛的人，在人中如清淨蓮花，所到之處無非自在樂土，只要專念某一佛，抱定一句佛號持續念下去，一樣能消災免難，增福延壽，減少煩惱障礙，增長慈悲智慧，現世得益，後世也得益。

Question

35

爲什麼法師常以「多念佛」來關懷病人？

身體有病痛不舒服時，心裡的雜念也會很多，很容易把生理的病痛和心理不舒適的感覺串聯起來，病痛也就變成了病苦。生理上的病痛，可藉由就醫獲得治癒，心理上的病苦，可經由念佛獲得舒緩。

讓心有著力點

念佛可以讓心有著力點，透過專注念佛，讓心安定，轉移擔憂身體的注意力，生理上疼痛的感覺，自然就不再那麼強烈。

有些人久病不癒，如果沒有正向的人生觀，心裡又沒有信仰的依託，漸漸地會覺得活著沒有意義。因此，面對久病或重病的人，更要勸勉他念佛，有了佛號的陪伴，除了有助於安定身心，也能時刻感受到佛菩薩庇佑的光明與希望。

發揮生命的價值

除此之外，還可以把念佛的功德，迴向而爲其他病人祝福。聖嚴法師在《美好的晚年》一書中提及，進手術房前不忘發願祈禱：「但願世上所有進開刀房的病人都沒有怖畏恐懼，手術後能及早康復；又祈禱這個世界，沒有人需要進開刀房。」即使是在重病之中，只要還有一口氣能夠念佛，就能爲自己、爲社會、爲一切衆生送上祝福，這也是在發揮生命的價值，做有意義的事。

（吳瑞恩　攝）

Question

36

在醫院或病人身邊念佛，會不會招來好兄弟？

認為在醫院和病人身邊念佛，容易招來靈界眾生的糾纏，這是對佛法修行的誤解。

念佛能幫助病人穩定身心

為病人念佛，能透過祥和、安定的念佛聲，幫助病人穩定心情、放鬆身心，不至於因為生理上的病痛，而陷入不安、沮喪的情緒中。

念佛時，通常會念阿彌陀佛。從經典中可知，阿彌陀佛在無盡的時間長河中，普遍接引無量眾生，以無邊智慧和無比慈悲，照顧無窮的苦海眾生。因此，帶著對阿彌陀佛的信願，心中就和佛的慈悲、智慧相應，也就是與阿彌陀佛的無量光、無量壽相應，以此不斷地為病人傳遞佛的光明與祝福。

代佛說法，龍天護佑

此外，念佛誦經等於代佛說法，隨處都會感得護法龍天護佑，以及無形眾生來信受，這些與我們有緣，具有善根、渴求佛法的眾生，也能因此得到利益，轉生善趣。所以，念佛的時候，也要帶著供養心、布施心，以念佛功德迴向眾生。

總而言之，念佛沒有任何的禁忌，只要抱持恭敬心，出聲念或在心中默念，任何時間、地點、情況下都適合。

Question 37

念阿彌陀佛會不會提早往生？

每個人來到人世間，皆有自身的因緣果報要承受，一般人念佛都是祈求消災解厄，增益壽命，但正面的態度應該是「不求死，不等死，不怕死」，不執著生命，若不求生也不求死，這就是平常心、無我無私的心，也才能解脫生死。

至誠念佛洗淨罪孽

《往生集》中記載，宋朝有一位瑩珂法師，不守清規，破戒造業，知道自己必墮地獄，希望有解脫之道。同參道友給他一本《往生傳》，他看完之後深受感動，便發心念佛求生淨土。他將自己關在房內，斷絕食物，精進念佛。過了三天，阿彌陀佛告訴他，你還有十年壽命，應當精進修行。瑩珂法師自認經不起外界誘惑，恐又造孽，希望現在就往生西方。阿彌陀佛答應他，三天後再來接他。三天後，瑩珂法師要大衆誦《阿彌陀經》，阿彌陀佛及清淨大海衆都來接引，接著就安然往生了。

這是念佛念到一心不亂，念念有佛，念念皆是佛，並有強烈而堅定意志想提早往生西方的願力，才能達到。另外，修行深厚的高僧大德，可以預知往生的時間。甚至修成證果的阿羅漢、菩薩、佛等等，他們就能夠突破生死的界限，隨時進入涅槃。

坦然面對生死天命

人難免一死，了解死亡，就不怕死亡。要做到不等死、不怕死，就要正確認識死亡，並隨時做好死亡的準備，盡量以有限的生命，多做利益衆生的事。

佛教將死亡稱爲「往生」，表示這一世雖然結束，但還有未來，並非一無所有。只要我們精進念佛，增長慈悲心、智慧心、清淨心，一心誦念阿彌陀佛聖號，一心求生西方淨土，一定能解脫生死輪迴。

Question

38

念佛如何迴向給生病的親友？

參加過佛門課誦或法會的人都會發現，法會最後通常會有一段「迴向」，將此次誦經或法會的功德，迴向給法界一切眾生，因爲佛教相信自己所修的功德是可以迴向給他人的。

《大乘義章》卷九提到：「言迴向者，回己善法有所趣向，故名迴向。」《往生論註》卷上也說：「迴向者，回己功德普施眾生，共見阿彌陀如來，生安樂國。」由此可知，迴向是迴己向他，就是把自己所得到的、所修得的功德，並非一人獨享，而是分享給其他人或法界眾生。

許多人會疑惑，若把功德迴向給別人，自己是不是就沒有功德了？這是多慮

（王育發　攝）

了。念佛的功德還是念的人得到最多，並不會因爲迴向給別人，就會減損自得的功德。當一個人有分享、利益眾生的心，也就具備了慈悲心、菩提心，心量廣大之後，人品自然提昇。所以迴向是佛教修行過程中，重要的修行工夫。

迴向如同祝福

〈迴向偈〉的內容有很多種，有迴向往生極樂，有迴向業障消除，也有迴向速成佛道。迴向的對象也依各種情況而有所不同，有時爲了法界眾生，有時則是遭受病痛的患者。

若想爲生病的親友迴向，可以在誦經或法會最後的迴向時，特別提到生病親友的名字，例如：願以此功德，迴向給某某某，願他少病少惱，消災延壽。祈求親友身體能減輕病痛，心情不爲疾病所苦。

發菩提心廣結善緣

一般人念佛大都希望自己消災免難、逢凶化吉，其實不應只顧自身利益，更應該發菩提心廣度眾生。某些無形眾生本來是我們的怨親債主，若把功德迴向給他們，讓他們早日離苦得樂，反而會變成我們的增上緣、護持者，也就等於幫自己消災免難。他們也因你的念佛修行而得利益，這些念佛的好處就是從迴向發願中來，從發菩提心廣結善緣中來。

Question
39
家人生病該去寺院祈福或留在身邊照顧？

有家人的護持，才讓我們能安心學佛，佛教徒如果只顧著到寺院，而不顧家庭，則是和佛法的精神相違。當家中有人生病時，自然應該盡到陪伴與照顧家人的責任。

讓病人安心養病

在《阿含經》中，可以看到佛陀非常重視對病人的探視與照護。佛陀探病時，總是耐心聆聽病症，細心觀察病人的身心狀況，供給病人生活所需，並提出調伏病苦的相應法門。《增壹阿含經》中，佛陀以自己照顧病人的經驗，提醒照顧者要耐心傾聽與溝通，遵照醫囑照顧病人服藥，並以關懷的態度了解病人的疼痛，讓病人因為有品質的照顧，而能安心養病。

（張晴　攝）

家人生病該去寺院祈福或留在身邊照顧？

心中有佛，處處光明

治療疾病的過程，病情可能反反覆覆，除了醫護人員，家屬是最重要的支持力量，在陪伴與照顧時，可以多說正向、讚歎的話語，細心觀察家人的需求，也可以陪伴家人一起做定課或念佛。如果家人還沒有學佛，可以勸勉他「把病交給醫生，把心交給佛菩薩」，鼓勵他多念佛號，避免在病中陷於自怨自艾。

即使忙著照顧家人，只要心中念念有佛，所到之處都是光明清淨的佛堂，不必因為無法到寺院拜懺、祈福，而覺得罣礙。當照顧有餘裕之時，就可以到寺院參加法會，以三寶和共修的力量，為家人祈福，而自己也藉此好好充電，調和身心，提起充沛的心力好好照顧家人。

Question

40

請法師助念，是否較容易往生西方？

感官、大腦已喪失覺知的臨終者雖不能言語，但神識仍在，可以直接感受外界訊息，此時若有法師前來開示，以及帶領家屬一同助念，往生者可藉由對法師的信賴，願意接受法師的引導，生起往生西方淨土的信心。

感通阿彌陀佛的願力

不過，並非所有的往生者都有因緣由法師來助念，在這種情況下，由於亡者對於關係最親密的家屬，有著敏銳的感應力，即使沒有法師帶領，家屬若能盡力持誦佛號，一心祝願亡者往生西方淨土，也能有效地幫助亡者，而且沉緩的念佛聲能夠安定人心，緩解家屬的悲傷情緒。

要是家人不在身邊，也找不到人助念，只要臨終者尚未斷氣，神識仍在，以放念佛機或光碟的方式，仍可讓他聽聞佛號；但人亡故後，想靠機器播放佛號來超薦是不可能的。因爲念佛機裡沒有心念的力量，亡靈得不到感應，唯有靠人助念，才能藉由助念者的願心和信心，來感通阿彌陀佛的願力。

平時念佛做好準備

與其臨終才來抱佛腳，不如趁活著的時候做好準備，平時就好好念佛，最好還能勸親友一起修行。養成習慣後，自然而然任何時候都在念佛，不論在任何時機步入死亡，內心都能提起佛號，與佛相應。

由此可見，助念不只是協助往生者求生淨土，更是一種修行和弘法，利他也利己。如《地藏經》所說：「命終之後，眷屬小大，爲造福利，一切聖事，七分之中而乃獲一，六分功德，生者自利。」而爲了讓往生者感應到助念者的誠心，助念者必須先培養堅定的信念，肯定阿彌陀佛的願力和西方淨土的殊勝，當累積愈多助念經驗後，往生西方的信心也會愈來愈強烈。

Question

41

可以為不同信仰或修行法門的人助念嗎？

各個宗教都有自己的天堂、淨土，也都有幫助臨終者的方式，所以不論是哪個宗派或宗教，其信徒只要信心夠堅定，都可以憑藉其信念，往生自己信仰的天堂或佛國淨土。

協助臨終者保持正念

從助念者的角度來說，最重要的是以自己的修行力量來協助臨終者保持正念。亡者生前如果未修行淨土法門，或是其他的專修法門，如常誦某一部經，或常持某一尊佛菩薩的聖號，助念者可用熟悉、得力的「阿彌陀佛」聖號，為其持誦迴向，祝福他往生所企求的佛國。

尊重不同信仰與修持法門

如果臨終者非佛教徒，有其他的信仰，應該予以尊重。但如果臨終者雖然信仰其他宗教，仍願意接受助念，可爲他念佛助念。此時，念佛的目的，同樣也是幫助他安心，在沉穩的佛號聲中，得以提起力量，秉持他原有的信念，往生他所嚮往的天國。

不過，對於一般民間信仰或無信仰的臨終者來說，西方佛國淨土仍是最好的歸宿，所以爲其持誦阿彌陀佛聖號，仍然最爲合適。

（吳瑞恩　攝）

4

念佛成佛有信心

Question

42 念佛念到看見佛怎麼辦？

修行過程中難免會有一些身心反應，但不一定很顯著，因人的體質、心理狀態而有所不同。有些人一念佛或拜佛就感動得流眼淚，也有人一打坐或誦經就有觸電的感覺，或是看到光、佛菩薩等，這些都是正常的現象。一心用功而出現瑞相，確實會讓人增加信心，但也無須大驚小怪或心生歡喜，應該更加認眞念佛。

追求感應易入魔境

一生提倡老實念佛的印光大師常叮嚀，念佛人應該一心正念，以至誠念佛爲要，不應妄想著見到佛菩薩或是好的境界，如果爲了追求感應而念佛，念佛的心態不夠純淨、知見不正確，反而容易進入魔境，此時，「瑞相」的出現，就可能是心神恍惚而產生的幻相了。因此，從正信的佛法來說，念佛的目的不在追求瑞

（張晴　攝）

相現前，如果見光、見花、聞香、聞聲，甚至看到淨土世界的景象或諸佛菩薩，必須心不貪戀、意不顛倒，只管一心念佛，這樣才是最安全的。

一心念佛，幻相自然消失

萬一念佛時經常出現幻相或聲音，導致自己無法專心念佛，這時不去理它，只要把注意力置於佛號上，幻相自然會消失。如果被幻相緊纏不放，無法擺脫，甚至被外力誤導而變成顯現異能或宣傳的工具時，應到寺院請教高僧大德，依據正信的法義予以開導。

Question

43

生氣、悲傷時如何念佛？

人在生氣或悲傷時，情緒容易不穩定，有時氣到口不擇言，出口傷人，有時悲傷到鑽牛角尖，悶悶不樂。若自己或旁人有這樣的情況，可以自我提醒或建議別人，試著用念佛號來調伏不安定的情緒。

念佛平息暴躁之心

如果生氣想罵人時，不妨在話說出口前暫停一下，先深呼吸一口氣，將原本想罵人的話，改換成「阿彌陀佛」，這樣聽的人不但不會不舒服，雙方互動的緊張氣氛，在無形之中也會得以舒緩。如此一來，反而能平心靜氣地溝通。若是一人獨處，氣憤難消，也可藉由念佛調心，在聲聲佛號中，逐漸平息起伏的情緒，化暴戾於無形。

（郭金典　攝）

念念佛號，念念清淨

生活中隨時都可以念佛，生氣、煩惱、悲傷、苦悶，喜怒哀樂時都可以念佛。透過當下心口合一的念佛，此時此刻只專心做念佛這件事，只專注在佛號上，其他的想法及情緒就可藉此調伏消除。攝心之後，身心自然安住於當下，悲傷苦悶由此轉化遠離，心裡自然不再鬱結。甚至由此轉念，發現事情不如自己想像中悲觀嚴重。

念佛，能夠讓你的生命超越痛苦悲傷，當負面情緒出現時，不妨提醒自己多多念佛，念念清淨，步步踏實，就會自在喜樂。

Question

44

行住坐臥如何念佛？

雖然常聽人說「行住坐臥好修行」，但許多人會介意佛堂之外的場所或環境不清淨，念佛會對佛菩薩不恭敬。其實心清淨則佛土淨，只要心清淨，所見世界皆是清淨的，皆是用功好地方。

不論環境用心念佛

念佛要一心一意，如果只是嘴念佛，心裡卻想著其他事，這樣是沒有用的。一心念佛時，不計較環境乾淨與否，不論工作貴賤，在清除垃圾、打掃廁所，甚至上廁所、沐浴時，也可以心中默念佛號。但是在需要思考、分析、聽講時，就不方便念佛，因爲一念佛就無法專心了。

（倪善慶　攝）

行住坐臥皆可念佛

印光法師提到，行住坐臥都可念佛。行走時，出聲念或默念都可以，躺臥時適合心中默念，不宜出聲，坐時不可掐珠，掐珠則容易心神不定，久了對身體有影響。念佛時必須心、口、耳合一，字字句句，分分明明，自然心不會散亂，常存正念。

就寢躺臥時，可以採右脇臥姿勢，心中觀想佛的光明相，全身放鬆，心裡默念佛號，直到入睡。久而久之，即使在睡夢中，也照樣能念佛。萬一忘了念佛，醒來之後，可重新調整臥姿，再繼續觀想光明相，並持念佛號。一旦觀想光明成功，那將不是在迷迷糊糊的情況下睡著，而是睡在清涼自在的光明世界中。而且很容易就能消除疲勞，並使精神飽滿，身心愉悅。像這樣，醒時既能作主，睡中也能作主。如此念佛，還有不生淨土的道理嗎？

Question

45

洗澡、如廁也可以念佛嗎？

只要時間、空間允許，任何時候都可以好好用功念佛，洗澡、如廁時也可以念佛，只不過在這些地方不用出聲，用默念的方式即可，並不是因爲佛菩薩聽了會生氣或感到不恭敬，而是避免干擾別人，使他人起煩惱、不舒服。

很多人覺得廁所或人多嘈雜的公共場所不清淨，不能念佛，其實一切由心造，念佛是邀請佛菩薩到我們的住所、到我們的心中，來做我們的榜樣和依靠，所以將心念繫在佛號上，就是和佛的慈悲智慧在一起，即便如廁或洗澡，自來水也會像甘露法水，洗淨自己的習氣和染汙。因此，修行念佛法門的人，在不影響正常生活及工作的前提下，應經常保持心中有佛號，念念與佛同在。

（吳瑞恩　攝）

Question

46

不信阿彌陀佛，念佛有用嗎？

阿彌陀佛的本誓願力要救濟所有的衆生，同登西方淨土。而且修行方法很簡單，只要你專心念「阿彌陀佛」或「南無阿彌陀佛」，發願往生西方極樂世界，臨終時阿彌陀佛就會前來接引。但是求生西方，仍需要具備修行的資糧。

信、願、行缺一不可

信、願、行，是修學念佛法門的基本條件，如鼎三足，缺一不可。首先必須相信阿彌陀佛，了解阿彌陀佛的慈悲大願，然後生起信心，相信有此莊嚴的佛國淨土，進而發願，發願往生西方。最重要的是切實執行，遵照佛所說的方法去做，發菩提心、慈悲心，老老實實念佛，至心修行，最後才能往生西方，證悟菩提。

（釋常貴　攝）

如果你不相信阿彌陀佛，即使口中念佛，但心中無佛，仍然是無法與佛心心相印的。

有願就有力

有願就有力。只要你相信阿彌陀佛，堅定往生西方的信念，專心致志一心念佛，西方淨土就在你心中。

Question

47

造十惡五逆的人，也可念佛往生嗎？

彌陀淨土的修行法門，能夠得到中國與日本廣大群衆的崇信，在於阿彌陀佛的本願，能帶給人絕對的信心，不必考慮自身所做功德的多寡，也不必擔心自身修證的功力大小，只要信仰彌陀本願，立誓往生即可。即使我們的煩惱不斷，持戒不嚴，阿彌陀佛仍會依其本誓願力做接引。

懺悔心清淨

由於阿彌陀佛發願成就衆生，即使造了十惡五逆，如果能在臨命終時，十念阿彌陀佛聖號，必得往生西方淨土。但是如果未生懺悔心，誤以爲即使做盡壞事皆能蒙佛接引，其實仍不得往生。不是阿彌陀佛不願慈悲救度，而是心不清淨，自己無法一心不亂，安心往生。因此，臨終前仍要一念迴心，以眞誠懺悔心求生淨土。

相信阿彌陀佛

即使是造了十惡五逆，定業不可轉，再也沒有希望可以轉變的人，只要相信阿彌陀佛，願意照著阿彌陀佛的法門去修，仍然可以往生西方世界。所以阿彌陀佛的願力最適合娑婆世界的眾生。

Question

48

一念佛就心煩意亂怎麼辦？

念佛的一心不亂，是念佛後的鍊心結果，就是因爲心亂如麻，才需要透過念佛來收攝身心。

心的覺察力提高

由於日常生活非常忙碌，所以一般不會特別感受心緒紛飛的情況，甚至以爲自己待人處事都非常心平氣和。可是當開始念佛時，因爲能看清楚自己的心念變化，反而發現念頭如奔流不止的瀑布，無法停止，而且愈想靜下心來，心卻更加紛亂。因此，不是因爲念佛而心不定，是因心的覺察力提高，所以能感受到心的浮躁不安，這時候更應該用佛號來幫我們調整身心。

（鄧博仁　攝）

學習忍辱

念佛者要學習「忍辱波羅蜜」，也就是用忍辱心忍耐所有的不舒服情況，面對、接受身心的不自在，用念佛的方法處理煩躁的身心，放下煩惱，安心於佛號上。如果眞的感覺不耐煩，也可以暫時改用拜佛，當注意力慢慢回到身體，感覺身心比較穩定，再開始念佛。

Question

49 睡不著可以念佛代替數羊嗎？

可以的，但是睡前念佛宜用默念。不只失眠時，可以念佛幫助安心，平常夜裡睡覺時，也能練習在心裡默念佛號。佛教有一種睡眠瑜伽，即是睡眠時仍在禪定中。所謂的瑜伽並非指運動，而是指身、口、意三業相應。

方法爲先右脇而臥，放鬆身體和頭腦，此時，可以閉眼休息，接著一聲一聲地默念佛號。要領在於身體與頭腦一定要放鬆，不要用力，但是每一聲佛號都念得很清楚。這樣，即使整夜念佛，隔天的精神還是神清氣爽，不會打瞌睡。

（鄧博仁　攝）

Question 50

忙得沒時間念佛怎麼辦？

現代人生活忙碌，節奏緊張，很多人都說忙得沒時間修行、沒時間念佛、沒時間禪修。其實念佛或修行並不一定要在固定的場所或環境，只要你發心、發願，念念有佛，行住坐臥皆是念佛修行的好時機。

自我關照，隨時修行

修行並不是在特定時間才能進行，而是在生活中的每一個時刻。時時刻刻留心自己的身體、話語是否與佛法相應，留心自己的心念是否與佛法的戒、定、慧三學相應，如果身心行爲皆與佛法相契合就是修行。

忙人時間最多

聖嚴法師說：「忙人時間最多。」爲什麼忙人時間最多？因爲要做的事情太多，他反而會運用時間、分配時間，完成每一件事。

念佛也是如此，即使在緊張忙碌的生活中，仍然可以找出時間來念佛。像走路、等車、坐車、等人、爬山等，這些零碎的時間都可以拿來念佛。提倡禪淨雙修的永明延壽禪師，每天持念阿彌陀佛聖號十萬聲，即使吃飯、工作、上廁所，念念都不離佛號，便是深心念佛，達到一心不亂的境界了。

現在低頭族很多，大家都會抓緊時間滑手機、看訊息。本來是要利用手機的方便，現在反倒是被手機綁住。建議不妨暫時放下手機，將滑手機的時間拿來念佛，不但利人利己，更可清淨自心，培養念佛福田。

（鄧博仁　攝）

學佛入門Q&A 8

念佛50問

50 Questions on the Buddha-name Recitation Practice

編著	法鼓文化編輯部
攝影	王育發、江思賢、李東陽、李蓉生、吳瑞恩、倪善慶、郭金典、張晴、鄧博仁、釋常貴
出版	法鼓文化
總監	釋果賢
總編輯	陳重光
編輯	張晴、林文理
美術設計	和悅創意設計有限公司
地址	臺北市北投區公館路186號5樓
電話	(02)2893-4646
傳真	(02)2896-0731
網址	http://www.ddc.com.tw
E-mail	market@ddc.com.tw
讀者服務專線	(02)2896-1600
初版一刷	2016年6月
初版四刷	2023年8月
建議售價	新臺幣160元
郵撥帳號	50013371
戶名	財團法人法鼓山文教基金會—法鼓文化
北美經銷處	紐約東初禪寺 Chan Meditation Center (New York, USA) Tel: (718)592-6593 E-mail: chancenter@gmail.com

法鼓文化

國家圖書館出版品預行編目資料

念佛50問 / 法鼓文化編輯部編著. -- 初版.
-- 臺北市 : 法鼓文化, 2016.06
面； 公分
ISBN 978-957-598-709-1(平裝)

1.佛教修持 2.問題集

225.7022 105005682